Vorwort

Lieber Leser,
es war eine wahrhaft angenehme und teilweise sogar belustigende Aufgabe für mich, dieses Heftchen auszuarbeiten.
Muss sich der arme Lateinschüler doch tagaus tagein mit trockener Lektüre klassischer Autoren begnügen, so hat er nun die Möglichkeit, Latein einmal anders zu erleben. Nicht jeder Römer sprach, schrieb und agierte wie Caesar - und selbst diesem wird ja so manches nachgesagt.

Trotz des Themenkomplexes habe ich versucht, ein gewisses Sprachniveau beizubehalten - eine Aufgabe, eine Aufgabe, welche nicht immer einfach zu bewältigen war, weshalb man einen Teil der Übersetzungen in „Anführungszeichen" gesetzt findet. Des Weiteren sei drauf hingewiesen, dass ich mit den Inhalten weder Personen noch Sexualpraktiken bzw. -vorlieben denunzieren möchte.
Viele Worte, die Heute einfach mit „Homosexueller" zu übersetzen sind, hatten damals einen unliebsamen Beigeschmack, da passive Homosexuelle meistens völlig ausgeschlossen wurden, aktive Homosexuelle (meistens vornehme Römer) jedoch wurden weiterhin von der Gesellschaft akzeptiert - man darf allerdings auch annehmen, dass eben solche Verkehrssituationen hinter verschlossenen Türen stattfanden und daher kaum jemand von ihnen wusste.

So mancher Vokabel habe ich eine Anmerkung in Form von „(auch:) ..." beigegeben, da man so den teilweise häufiger gebrauchter Nebensinn kennen lernt und noch eher weiß, was man überhaupt von sich gibt und wie es missverstanden werden kann...

Manche Vokabeln, die ich in die Wörterlisten aufgenommen habe, mögen bei ersten „über den Text fliegen“ unpassend wirken, wie beispielsweise die Adjektive parvus oder magnus.
Möchte man jedoch eigene Schimpfwörter kreieren, so sind eben diese „unwichtigen“ Vokabeln häufig entscheidend - es könnte ja passieren, dass man ausgerechnet eine solche Standart-Vokabel nicht direkt parat hat.

Wohl wissend, dass ich mit diesem Schmudellheftchen - wie sollte man es anders nennen? - so manches Tabu brechen und mir dabei nicht weniger Feinde machen werde, entlasse ich es in die Freiheit. Lob, Kritik und nicht zuletzt Verbesserungsvorschläge können direkt an mich oder an den Verlag herangetragen werden.

Felix S. Friedrich
Frankfurt im April 2004

Vorwort zur zweiten Auflage

Aufgrund der durchweg positiven, überraschend positiven, Resonanz zur Erstauflage, habe ich mich entschlossen, eine erweiterte Neuauflage der Maledicta herauszugeben. Hierbei möchte ich insbesondere Christopher Leitner herzlich für seine zahlreichen und nutzbringenden Erweiterungsvorschläge danken.

Felix S. Friedrich
Frankfurt im September 2007

lateinisch-deutsches Wörterverzeichnis

a tergo/posteriori > a tergo futuere	von hinten > den Geschlechtsverkehr von hinten ausüben
accumbo, -ere (+ Dat.)	ficken
acquisitae immunitatis defectae syndrome	AIDS
actor pornographicus	Pornodarsteller
actrix pornographica	Pornodarstellerin
adeps, -ipis m./f.	„Fettsack", (auch:) fett
admissarius, -i m.	Zuchthengst, Lüstling
adulter, adultera, adulterum	ehebrecherisch, verhurt
adulter, -i m.	Liebhaber, Geliebter
adultera, -ae f.	Liebhaberin, Geliebte
adulterare, -o, -avi, -atum	Ehebruch begehen, huren; (m. Akk.) jmdn. verführen
adulterinum, -i n.	Ehebruch, Untreue, Liebesaffäre, Sexskandale
adulterinus, -a, -um	ehebrecherisch
amare, -o, -avi, -atum	lieben, verliebt sein
amasiuncula, -ae f.	die Geliebte, (auch:) Flittchen
amasiunculus, -i m.	der Geliebte
amatio, -onis f.	Liebelei
amator, -oris m.	Liebhaber, Verehrer, Lüstling, Freund
amatorium, -i n.	Liebestrank
amatorius, -a, -um > epistula amatoria	Liebes- Liebesbrief
amatrix, -icis f.	die Liebende, Liebchen

ambubaia, -ae f.	„Nutte", Flittchen, Dirne, Prostituierte, (eigtl.) syrische Flötenspielerin
ambulatrix, -icis f.	Herumtreiberin
analis, -is, -e	anal
anhelare, -o, -avi, -atum	stöhnen
animum adicere (+ Dat.)	ein Auge auf jmdn. werfen
anus, -i m.	After, Anus; (auch:) Fußring
apricari, -or, -atus sum	sich bräunen
aqua vitae f.	Schnaps
arva, -orum n.	Scheide
attingere, -o	ficken
attractio sexualis	Sexappeal
attrectare > ne me attrecta!	begrapschen, ficken > Begrapsch/Befummle mich nicht!
bacchatio, -onis f.	Orgie
barcala, -ae m.	Idiot
basium, -i n. > lingua basiare	Kuss > mit Zunge küssen
bat(t)uere, -uo	ficken
bombax!	potztausend!
brutus, -a, -um	blöd, dumm
bumammus, -a, -um	> mit großen Brüsten
cacare, -o, -avi, -atum	kacken, „scheißen
cacator, -oris m.	Kacker, „Scheißer
cacaturiere, -io	kacken wollen
cacatus, -a, -um	beschissen, Scheiß-
caedere, -o	ficken
caenum, -i n.	Kot, Scheiße
cannabis, -is f.	Cannabis, Hanf, Haschisch

castigatus, -a, -um > castigatum pectus	knackig > straffer Busen
castrare, -o, -avi, -atum > homo castratus m.	kastrieren > Kastrat
catomidiare	den Arsch versohlen
cervisia, -ae f.	Bier
cevere, -eo	das Drehen und Renken des Hinterteils des Mannes während des Beischlafes
cinaedologos, -i m.	Pornoautor
cinaedicus, -a, -um	wollüstig, unzüchtig
cinaedus, -i m.	Homosexueller, Schwuler, Stripper
circumcidere, -o > **genitalia circumcidere**	beschneiden beschneiden
circumcisio, -onis f.	Beschneidung
climacterium, -i n.	Wechseljahre
clyster, -eris m.	Einlauf, Klistier
cocainum, -i n. > **cocainum naribus haurire**, -io, hausi, haustus	Kokain Kokain schnupfen

coitus condomatus	Geschlechtsverkehr mit Kondom
coitus incondomatus	Geschlechtsverkehr ohne Kondom
coitus, -us m.	Beischlaf, Geschlechtsverkehr
coloratus, -a, -um	braun gebrannt
concubina, -ae f.	Fickerin, Beischläferin
concubinus, -i m.	Ficker, Beischläfer
confutuere, -uo	ficken, herumhuren
consumptio drogarum	Drogenkonsum
contrectator, -oris m.	Begrapscher
cornutus, -i m.	betrogener Ehemann
crassus, -a, -um	dick
cris(s)are, -o, -avi, -atum	das Wackeln mit den Schenkeln der Frau während des Beischlafes
cubare, -o, -avi, -atum	mit jmdm. Schlafen
cucurbita, -ae f.	Dummkopf; (eigtl.) Kürbis
culibonia, -ae f.	Mädel/Frau mit einem Knackarsch
culus, -i m. > (alicuius) culum lingere	Arsch(-loch) > jmdn. am Arsch lecken
cunnili(n)ctrix, -icis f.	Frau, die leckt
cunnilictor, -oris m.	Mann, der leckt
cunnilinctio, -onis f.	> das Lecken der Scheide
cunnilingebatio, -onis f.	ist der Sonderfall des cunnilingus, bei dem die Frau auf einem Gesicht sitzt und geleckt wird
cunnilingus, -i m.	das Lecken der Vagina

cunnus, -i m. > cunnum lingere > cunnus voracissimus > (penem) inserere cunno	Vagina, Scheide > die Scheide lecken > unersättliche Scheide > (den Penis) in die Scheide einführen
dare (+ Dat.) > bene dare	ficken, geben, besorgen > gut/ordentlich besorgen
debattuere, -uo (+ Akk.)	es jemandem ordentlich besorgen
deflorare, -o, -avi, -atum	deflorieren, entjungfern
defloratio, -onis f.	Defloration, Entjungferung
deflorescere, -o	an Reiz verlieren; (eigtl.) verblühen, verwelken
deformis, -is, -e	missgestaltet
deformitas, -atis f.	Missbildung, Hässlichkeit, Missgestalt
defututus, -a, -um	„ausgebumst", verhurt, durch häufigen Beischlaf geschwächt
delicatus, -a, -um	attraktiv
delingere, -o	lecken (die Scheide)
depsere, -o	ficken
devotus, -a, -um	devot
domina lupanaris	Puffmutter
dormire (+ cum)	mit jmdm. schlafen
droga, -ae f. > **drogis assuetus**	Droge drogenabhängig
durae buccae est	sie/er hat ein freches Mundwerk
effutuere, -o	ausbumsen
effututus, -a, -um	ausgebumst
eiaculare, -o, -avi, -atum	ejakulieren
eiaculatio praecox	verführter Samenerguss

eiaculatio, -onis f.	Samenerguss, Ejakulation
erectio, -onis f.	Erektion, (auch:) das Aufrichten
erectus, -a, -um	erigiert, (auch:) aufrecht
erigere, -o	erigieren; (eigtl.) aufbauen, errichten
eroticus, -a, -um	erotisch
erubescere, -o	rot werden
eunuchus, -i m.	Eunuch, Kastrat
excavare, -o, -avi, -atum	in den Arsch ficken
exiguus, -a, -um	klein
fellare, -o, -avi, -atum	blasen, saugen, oralen Geschlechtsverkehr praktizieren
fellatio, -onis f.	das Saugen, Blasen, Fellatio
fellator, -oris m.	einer, der leckt/saugt/bläst
fellatrix, -icis f.	eine, die leckt/saugt/bläst
fellebris, -is, -e	saugend
feminalia, -ium n.	Unterhosen, String, Slip
femur, femoris n.	Oberschenkel

feticismus, -i m.	Fetischismus
feticista, -ae m./.f	Fetischist(-in)
filix, -icis f.	unnützte Tochter; (eigtl.) Farnkraut
fimosus, -a, -um	schmutzig
fimum, -i. n.	Mist, Kot, Schmutz
flagellatio, -onis f.	das Auspeitschen
flagrum, -i n.	Peitsche
flavus, -a, -um	blond
flegeltare, -o, -avi, -atum	(aus-)peitschen, schlagen
formositas, -atis f.	Schönheit
formosus, -a, -um	schön, wohlgestaltet
fornicari, -or, -atus sum	Unzucht treiben, huren
fornicatio, -onis f.	Unzucht, Hurerei
fossa, -ae f.	Fotze
fulcipedia, -ae f.	Tussi
futuere, futuo, futui, fututum	mit einer Frau schlafen, den Beischlaf ausüben, ficken
fututio, -onis f.	Beischlaf, Geschlechtsverkehr, Fick
> spissare fututionem	> es häufig hintereinander treiben
fututor, -oris m.	Ficker, Beischläfer
fututrix, -icis f.	Fickerin, Beischläferin
genitabilis, -is, -e	fruchtbar
gerusia, -ae f.	Altenheim, (eigtl.) Versammlungshaus älterer Bürger
glaber, -i m.	„Milchgeschicht", rasierter, weiblicher Sklave, Lustknabe
glubere, -o	(einen) blasen

gravidare, -o, -avi, -atum	schwängern
hercle! mehercule(s)!	bei Herkules! Bei Gott! Wahrhaftig! Fürwahr!
heterosexualis, -e	heterosexuell
heterosexualis, -is m./f.	Heterosexuelle/r
heterosexualitas, -atis f.	Heterosexualität
hircus salax m.	geiler Bock
hircus vetus/vetulus m.	alter Bock
histrio pornographicus m.	Pornostar
homo pinguis	„Fettsack", fetter Mensch/ Mann
homosexualis, -e	homosexuell
homosexualis, -is m./f.	Homosexuelle/r
idiota, -ae m.	Idiot; (auch:) Laie, unwissender Mensch
impotens, -entis	impotent
impotentem esse	impotent sein
impotentia, -ae f. (coeundi)	Impotenz
impudicus, -a, -um	schamlos
incestum, -i n.	Inzest
incestus, -us m.	Inzest
incurrere, -o	ficken
incurvare, -o, -avi, -atum	in den Arsch ficken
irrumare, -o, -avi, -atum	(einen) blasen
irrumatio, -onis f.	das Blasen
irrumatio, -onis f.	oraler Geschlechtsverkehr, bei dem der Mann seinen Penis vor- und zurückstößt
labeosus, -a, -um	volllippig
lactare, -o, -avi, -atum	säugen, Milch geben, stillen; saugen

lactens, -entis	saugend (an der weibl. Brust); (auch:) Säugling
lacteus, -a, -um	milchig, Milch gebend (ubera)
landica, -ae f.	Kitzler/Klitoris
languere, -o > languet	impotent sein > er kriegt keinen hoch
leno, -onis m.	Zuhälter, Kuppler
lenocinium, -i n. > **lenocinium corportum**	Zuhälterei verführerischer Reiz
lesbias, -adis f.	Lesbierin
libellus pornographicus/ obscenus	Pornoheft
libidinosus, -a, -um	wollüstig
libido/lubido, -inis f.	Fick, Sex, Wollust
lingere, -o (mentulam)	(einen) blasen
lingua, -ae f.	die Zunge
litigium, -i n.	Zank, Streit
lotium, -i n.	Harn, Urin

lupa, -ae f.	Dirne, Prostituierte, Hure; (auch:) Wölfin
lupanar, -aris n.	Bordell, Puff, Freudenhaus
lupatria, -ae f.	raffiniertes Luder
lustrari, -or, -atus sum	Bordelle aufsuchen
lustro, -onis m.	Kunde eines Bordells, Freier
lustrum, -i n.	Puff, Bordell
magnus, -a, -um	groß
mamilla, -ae f.	Nippel
mamma, -ae f. > inclinatae mammae > mammae magnae	Brust, Euter, Zitze > Hängebusen > große Brüste
mammeatus, -a, -um	vollbusig
mammicula, -ae f.	(niedliches) Brüstchen, kleine Brust
mammiculae, -arum f.	kleine Brüste
mammilare, -ris n.	BH, Büstenhalter
mammosus, -a, -um	vollbusig
mammulae, -arum f.	kleine Brüste
mammeatus, -a, -um	vollbusig
manzer, -eris m.	Hurensohn
masochismus, -i m.	Masochismus
masturbari, -or, -atus, -sum	masturbieren, onanieren
masturbatio, -onis f.	Masturbation
masturbator, -oris m.	Wichser
maxilla, -ae f.	Großmaul, Bonze, Playboy
mentula, -ae f. > mentula surgit > mentulam inserere cunno	Schwanz > einen Ständer/Steifen bekommen > den Schwanz in die Scheide einführen

mercabilis, -is -e > **meretrix mercabilis**	käuflich käufliche Dirne
merda, -ae f.	Kot, Scheiße
meretricius, -a, -um	dirnenhaft, Dirnen-
meretrix, -icis f.	Dirne, Hure, Prostituierte
micare, -o, -avi, -atum	zucken, zittern, zappeln
mingere, mingo, minxi, mictum	urinieren, pissen
moecha, -ae f.	Ehebrecherin, Dirne, Hure
moechocinaedus, -i m.	einer, der Ehebruch/ Unzucht mit Männern treibt
moechari, moechor, moechatus sum	Ehebruch/Unzucht treiben, huren
moechatio, -onis f.	Ehebruch, Unzucht
moechia, -ae f.	Ehebruch
moechissare, -o, -avi, -atum	mit jmdm. Ehebruch treiben, jmdn. vergewaltigen (m. Akk.)
moechus, -i m.	Ehebrecher, Hurenbock
mons veneris	Venushügel
multivolus, -a, -um	unersättlich
mundus, -i m.	Toilettensachen der Frau
musculosus, -a, -um	muskulös
natis, -is f.	Hintern, Gesäß
nympha, -ae f.	Kitzler/Klitoris
nymphomania, -ae f.	Nymphomanie
obscena, -orum n.	1. Genitalien 2. unzüchtige Handlungen 3. unzüchtige Worte, Zoten, Lieder 4. der Hintern 5. Kot
obscenitas, -atis f.	Unanständigkeit, Anstößigkeit

obscenum, -i n.	Scham(glied)
oculum adicere ad (+ Akk.)	ein Auge auf jmdn. werfen
officina dominae	Dominastudio
onania, -ae f.	Onanie, Masturbation
oralis, -is , -e	oral
orgasmus, -i m.	Orgasmus
orgia, -orum n.	Orgie
osculari, -or, -atus sum	küssen
osculum, -i n. > osculum/basium/ s(u)avium dare (+ Dat.)	Kuss > küssen
paedicare, -o, -avi, -atum	Unzucht mit Knaben treiben, den Analverkehr praktizieren
panus, -i m.	> geschwollene Hoden
papae!	potztausend!
papilla, -ae f.	Brustwarze, Nippel
parvus, -a, -um	klein
pectus, -toris n.	Brust, Busen
pedere, -o, pepedi	furzen

pedicator, -oris m.	Knabenschänder
peditum, -i n.	Furz
pellicula pornographica, -ae f.	Pornostreifen, -film
pelusia, -ae f.	Bluse
penetrare, -o, -avi, -atum > penitus penetrare	eindringen, durchdringen > tief eindringen
peniculus, -i m.	kleiner Penis; (auch:) Schwamm
penis, -is m. > penis destrictus > penis magnus/ingens > penis parvus/minimus	Penis, männl. Glied; (auch:) Unzucht > steifer Schwanz > großer Schwanz > kleiner Schwanz
perdepsere, -o, -ui	durchkneten, ficken
perductor, -oris m.	Zuhälter, Kuppler
pernox, -noctis	die ganze Nacht hindurch
pertractare > pertractare velim papillas tuas	begrapschen > Ich will deine Brüste liebkosen
perversitas, -atis f.	Perversität
perversus, -a, -um	pervers
phallus, -i m.	Figur eines männlichen Gliedes, Phallussymbol, Dildo
pilula (anticonceptiva)	Pille
pinguis, -is, -e	fett
potator, -oris m.	Trinker, Säufer
potatrix, -icis f.	Trinkerin, Säuferin
pulchritudo, -tudinis f.	Schönheit
podex, -icis m.	Hintern, Po, Arsch
pornographia, -ae f.	Pornographie

pornographicus, -a, -um	pornographisch
positio inversa	Stellung, bei der die Frau auf dem Mann iegt
positio, -onis f.	Stellung (während des Geschlechtsverkehrs)
potare, -o, -avi, -atum	trinken, zechen, sich besaufen
potentia (sexualis/ libidinosa) f.	Potenz
praegnans, -antis	schwanger
praeservativum, -i n.	Kondom, Präservativ
pro Iup(p)iter!	bei Jupiter!
prostitua, -ae f.	Dirne, Prostituierte
prostituere, -uo	prostituieren, (auch:) preisgeben
prurigo, -inis f.	Jucken, Geilheit
prurire, -io > prurire usque ad umbilicum	jucken; lüstern, geil sein > geil sein bis zum Geht-nichtmehr
pubertas, -atis f.	Pubertät
puella facilis f.	Flittchen
puella virginea f.	jungfräuliches Mädchen
puer virgineus m.	"jungfräulicher" Junge
puerilis, -is, -e > **puella puerilis**	knabenhaft, jugenhaft ein knabenhaftes Mädchen
pulcher, -chra, -chrum	schön
pulchritudo, -inis f.	Schönheit
rapina seminum	Samenraub
rasus, -a, -um	rasiert
res deformis f.	Missgeburt, -gestalt
rufus, -a, -um	rothaarig
sadismus, -i m.	Sadismus

sadomasochismus, -i m.	Sadomasochismus
sadomasochista, -ae m./f.	Sadomasochist
salacitas, -atis f.	Geilheit
salax, -acis	geil (machend)
scelestus, -i m.	Verbrecher, Krimineller
schoenicula, -ae f.	öffentliche Dirne
scopophilia, -ae f.	Voyeurismus
scortari, -or, -atus sum	Unzucht treiben
scortator, -oris m.	Schürzenjäger, Weiberheld
scortea, -ae f.	Kleidung aus Leder
scortea, -orum n.	Lederzeug
scortillum, -i n.	kleine Dirne, Hurchen, Luderchen
scortum, -i n.	Hure, Dirne, Geliebte
scurra, -ae m.	Gigolo
sellarius, -i m.	auf Sesseln Unzucht treibend
seminudus, -a, -um	halb nackt
semirasus, -a, -um	halb rasiert, teilrasiert

serva, -ae f.	Sklavin
servus, -i m.	Sklave
sexualis, -e	sexuell
silicernium, -i n.	alter Knacker
sinus, -us m. > manum dimittere in sinum	Busen > in den Ausschnitt fassen
sollicitare, -o, -avi, -atum	erregen
spado, -onis m.	Kastrat, Eunuch
spectator, -oris m.	Voyeur
spectatrix, -icis f.	Voyeuse
spintria, -ae m.	Strichjunge, Homosexueller, Schwuler
spurius, -i m.	Hurensohn
stolidus, -a, -um	dumm
stultus, -a, -um	dumm
subigitare, -o, -avi, -atum	begrapschen
subligar(e), -aris n.	Slip
surrari, -or, -atum sum	den Hof machen, schmeicheln
tentigo, -inis f	Geilheit
tenuis, -is, -e	dünn
testiculus, -i m.	Hode
testis, -i m.	Hode
titillus, -i m.	Schallwort für einen kleinen Penis; abgeleitet vom röm. Vornamen Titus – auch im Deutschen möglich: sein kleiner Hans/Heinz/Fritz/Günther usw.
titus, -i m.	Schwanz
trefututio, -onis f.	der flotte Dreier

tribas, -adis f.	Lesbe
tricae, -arum f.	Possen, Unsinn, Widerwärtigkeiten
tumere, -eo > tumeo > (tota) tumet	erregt sein > Ich habe einen Steifen. > Sie ist ganz feucht.
tunic(ul)a (minima)	Minirock
uber, -eris n. > **ubera dare/praebere/ admovere**	Mutterbrust, Euter, Zitze säugen, die Brust reichen
vagina, -ae f.	Vagina, Scheide
varicare, -o, -avi, -atum	die Beine spreizen
varicus, -a, -um	mit gespreizten Beinen
varus, -a, -um	mit gespreizten Beinen
vaselinum, -i n.	Vaseline
vexare, -o, -avi, -atum	quälen, misshandeln, peinigen
vexatio, -onis f.	Misshandlung, Quälerei
vilica, -ae f.	Dorfschönheit, schöne Magd, (eigtl.) Frau des Gustverwalters (villicus)
vinolentia, -ae f.	Trunkenheit, Trunksucht
vinolentus, -a, -um	(be-)trunken
vinosus, -a, -um	trunksüchtig
vinum spumans n.	Sekt
vinum, -i n.	Wein
virgineus, -a, -um	jungfräulich
virginitas, -atis f.	Jungfräulichkeit, Unberührheit
virgo, virginis f.	Jungfrau; (auch:) Mädchen
vom(it)are, -o, -avi, -atum	erbrechen, sich übergeben
vomitio, -onis f.	das Erbrechen

vorare, -o, -avi, -atum	in den Mund stecken (bei oralem Geschlechtsverkehr)
zona erotogenes	erogene Zone

deutsch-lateinisches Wörterverzeichnis

abstoßend	foedus 3
After	anus
AIDS	acquisitae immunitatis defectae syndrome
Altenheim	gerusia
alter Bock	hircus vetus/vetulus
Amüsierbetrieb	lupanar
an Reiz verlieren	deflorescere
anal	analis, -e
Anstößigkeit	obscenitas, -atis f.
Anus	anus
Arsch	natis; podex; culus; tergum, -i n.
> jmdn. am Arsch lecken	> (alicuius) culum lingere
> Mädel/Frau mit einem Knackarsch	culibonia, -ae f.
> in den Arsch ficken	excavare; incurvare;
> den Arsch versohlen	p(a)edicare, catomidiare
attraktiv	delicatus 3
ausbumsen	effutuere, -o
ausgebumst	defututus 3, effututus 3
auspeitschen	flagellare
das Auspeitschen	flagellatio, -onis f.
begrapschen	attrectare; pertractare; subigitare
Beischläfer	fututor
Beischläferin	fututrix
Beischlaf	coitus, fututio
beschissen	cacatus 3
beschneiden	(genitalia) circumcidere

Beschneidung	circumcisio
betrogener Ehemann	cornutus, -i m.
betrunken	vinolentus 3
BH	mamillare, -ris n.; strophium, -i n.
Bier	cer(e)visia
blasen	fellare; futuere dentes; glubere, -o; irrumare; lingere, -o (mentulam)
Blasen, das	fellatio, irrumatio, -onis f.
blasend	fellebris, -e
blöde	brutus 3; stultus 3
blond	flavus
Blondine	(puella/femina) flava
Bluse	pelusia
Bordell	lupanar
Bordells aufsuchen	lustrari
braun gebrannt	coloratus 3
Bronze	maxilla
Brust	pectus, -oris n.; mamma
Brüstchen	mammicula
Brustwarze	mamilla; papilla
Busen	pectus, -oris n.; sinus, -us m.; mamma, -ae f.; papilla, -ae f.;
> straffer Busen	castigatum pectus
> Hängebrüste	inclinatae mammae
> kleine Brüste	mammulae; mammiculae
> große Brüste	mammae magnae
> mit großen Brüsten	bumammus 3
> Ich will deine Brüste liebkosen	pertractare velim papillas tuas
Büstenhalter	mamillare, -ris n.;strophium

Cannabis	cannabis
Defloration	defloratio
deflorieren	deflorare
den Hof machen	surrari
der flotte Dreier	trefututio
devot	devotus 3
dick	crassus 3
die Beine spreizen	varicare
die ganze Nacht hindurch	pernox, -noctis
Dildo	phallus; dildo
dirnenhaft	meretricius
Dirne	ambubaia; meretrix; prostitua; lupa; moecha; scortum
Dirnen-	meretricius 3
Domina	domina
Dominanz	dominatio
Dominastudio	officina dominae
Dorfschönheit	vilica
Droge	droga
drogenabhängig	drogis assuetus
Drogenkonsum	consumptio drogarum
dumm	brutus 3; stultus 3; stolidus 3
Dummkopf	curcubita; brutus
dünn	tenuis
durchgefickt	defututus 3; effututus 3
durchkneten	perdepsere
Ehebrecher	moechus
Ehebrecherin	adultera; moecha
ehebrecherisch	adulter 3; adulterinus 3

Ehebruch	adulterium; moechatio; moechia
> Ehebruch begehen	> adulterare; moechari
ein Auge auf jmdn. werfen	oculum adicere ad (+ Akk./+ Dat.); animum adicere (+ Dat.)
einen Knutschfleck machen	in collo figere dente notas
Einlauf	clyster
Ejakulatiom	eiaculatio
ejakulieren	eiaculare
entjungfern	deflorare
Entjungferung	defloratio
erbrechen	vom(it)are
Erektion	erectio
erigieren	erigere
erigiert	erectus 3
erogene Zone	zona erotogenes
erotisch	eroticus 3
erregen	sollicitare
erregt sein	tumere, -o
es jemandem ordentlich besorgen	debattuere, -o (+ Akk.)
Eunuch	(homo) castratus; spado; eunuchus
Euter	uber
Fellatio	fellatio
Fetischismus	feticismus
Fetischist	feticista m./f.
Fettsack	adeps; homo pinguis
Fick/Sex	coitus, fututio, libido

ficken	(con-)futuere, -uo; bat(t)uo, -ere; caedere, -o; dare (+ Dat.) ; perdepsere, -o
Ficker	fututor
Fickerin	fututrix
fingern	cristae imprimere digitos
Flittchen	amasiuncula; ambubaia; meretrix; prostitua; lupa
Fotze	arva, -orum n.; cunnus, -i m.; fossa, -ae f.
> unersättliche Scheide	cunnus voracissimus
> (den Schwanz) in die Scheide einführen	(penem) inserere cunno
> das Lecken der Scheide	cunnilingus, -i m.; cunnilinctio, -onis f.
> das Lecken der Scheide, bei dem die Frau auf dem Gesicht des Mannes sitzt	cunnilingebatio, -onis f.
> Mann, der die Scheide leckt	cunnilictor, -oris m. / cunnio, -onis m.
> die Scheide lecken	cunnum lingere
> Sie ist (ganz) feucht.	(tota) tumet
Freudenhaus	lupanar
fruchtbar	genitabilis
Furz	peditum
furzen	pedere
geil (machend)	salax
geil sein	prurire
> geil sein bis zum Gehtnichtmehr	prurire usque ad umbilicum
geiler Bock	hircus salax

Geilheit	salacitas; prurigo; tentigo; -inis f.
Geliebte	adultera; amasiuncula; amatrix
Geliebter	adulter; amator; amasiunculus
Genitalien	obscena, -orum n.
Gesäß	natis
Geschlechtsverkehr	coitus; fututio
Geschlechtsverkehr praktizieren	futuere
Gigolo	scurra, -ae m.
groß	magnus
Großmaul	maxilla
gut im Bett sein	bene dare
halb nackt	seminudus 3
halb rasiert	semirasus 3
Hanf	cannabis
Haschisch	cannabis
hässlich	foedus 3
Hässlichkeit	deformitas
Herrin	domina
herumhuren	confutuere, -o
Herumtreiberin	ambulatrix
Heterosexualität	heterosexualitas
heterosexuell	heterosexualis
Heterosexuelle(r)	heterosexualis, -is m./f.
Hintern	natis; podex; obscena
Hode **> geschwollene Hoden** **> ohne Hoden** **> Entfernung der Hoden**	testis, -is m.; testiculus m. > panus, -i m. > intestatus 3 > detestatio, -onis f.

Homosexualität	homosexualitas
homosexuell	homosexualis
Homosexuelle(r)	homosexualis, -is m./f.
Homosexueller	cinaedus,; homosexualis; exoletus; spintria
Hot Pants	brevissimae bracae (feminae)
Hurchen	scortillum
Hure	ambubaia; prostitua; lupa; meretrix; moecha; scortum
huren	adulterare; fornicari
Hurenbock	moechus
Hurensohn	manzer, -eris m.; nothus, -i m.; spurius, -i m.
Hurerei	fornicatio
Idiot	barcala; idiota
impotent	impotens, -entis
impotent sein	languere, -eo; impotentem esse
Impotenz	impotentia (coeundi)
in den Ausschnitt fassen	manum dimittere in sinum
in den Mund stecken	vorare
Inzest	incestus, -us m/incestum
jmdn. vergewaltigen	moechissare (m. Akk.)
Jungfrau > noch eine Jungfrau sein	virgo, -inis f. obsignatam habere naturam
jungfräulich	virgineus 3
Jungfräulichkeit	virginitas, -atis f.
kacken	cacare
Kacker	cacator
Kastrat	(homo) castratus; spado; eunuchus

kastrieren	castrare
käuflich	mercabilis
Kitzler/Klitoris	landica, -ae f.; nympha, -ae f.
Kleidung aus Leder	scortea, -ae f.
klein	parvus 3; exiguus 3
kleine Brust	mammicula
Klister	clyster
Knabenschänder	pedicator
knackig	castigatus 3
Kokain	cocainum
Kokain schnupfen/ konsumieren	cocainum naribus haurire
kommen	s. Orgasmus
Kondom	praeservativum
Kot	caenum; merda; fimum; obscena, -orum n.
kotzen	vom(it)are
kriminell	scelestus
Krimineller	scelestus
Kunde eines Bordells	lustro, -onis m.
Kuppler	leno
Kuss	osculum; basium, -i n.
küssen **> Zungenküsse geben**	osculari; osculum/basium dare (+ Dat.) lingua basiare
lecken (die Scheide)	delingere, -o
Lederzeug	scortea, -orum n.
Lesb(i)e(rin)	tribas, -adis f.
Liebelei	amatio
Liebchen	amatrix

Liebe	amor, -oris m.
lieben	amare
Liebende, die	amatrix
Liebes-	amatorius 3
Liebesabenteuer	casus amatorius
Liebesaffären	adulterium; moechatio; moechia
Liebesbrief	epistula amatoria f.
Liebestrank	amatorium
Liebhaber	adulter; amator
Liebhaberin	adultera
Luder	scortum
Luder, raffiniertes	lupatria
Luderchen	scortillum
lüstern	prurire
Lustknabe	glaber
Lüstling	amator
Mädel	puella, -ae f.; puellula, -ae f. (Verkleinerungsform)
Masochismus	masochismus, -i m.
Masturbation	onania, -ae f. masturbatio, -onis f.
masturbieren	masturbari
Milch geben	lactare
Milchbubi	glaber
Minirock	tunic(ul)a minima
Missbildung	deformitas
Missgestalt(ung)	deformitas
missgestaltet	deformis
misshalndeln	vexare
Misshandlung	vexatio

Mist	fimum
mit einer Frau schlafen	futuere
mit gespreizten Beinen	varicus 3, varus 3
mit jmdm. Ehebruch treiben	moechissare
mit jmdm. schlafen	cubare; (mit einer Frau) futuere
muskulös	musculosus 3
Mutterbrust	uber
Nippel	mamilla; papilla
Nutte	ambubaia; meretrix; prostitua; lupa; scortum
Nymphomanie	nymphomania, -ae f.
Obszönität	obscenitas, -atis f.
onanieren	masturbari
oral **> oralen Geschlechtsverkehr praktizieren**	oralis s. (einen) blasen
Orgasmus **> (zum Orgasmus) kommen**	orgasmus, -i m. festinare; petere summam
Orgie	orgia, -orum n.
Pein(igung)	vexatio
peinigen	vexare
Peitsche	flagrum
peitschen	flagellare
penetrieren	penetrare
Penis	penis
pervers	perversus
Perversität	perversitas
Phallussymbol	phallus
Pille	pilula (anticonceptiva)
Po	podex

Pornodarsteller(in)	actor pornographicus; actrix pornographica
Pornofilm	pellicula pornographica
Pornographie	pornographia
pornographisch	pornographicus 3
Pornoheft	libellus pornographicus/ obscenus
Potenz	potentia (sexualis/ libidinosa)
potztausend!	bombax!
Präservativ	praeservativum
sich prostituieren	prostiture
Prostituierte	ambubaia; meretrix; prostitua; lupa; moecha
Prostitution	prostitutio, -onis f.
Pubertät	pubertas, -atis f.
Puff **> Bordelle aufsuchen** **> Kunde eines Puffs**	lupanar, -aris n.; lustrum > lustrari > lustro, -onis m.
Puffmutter	domina lupanaris
quälen	vexare
Quälerei	vexatio
rasiert	rasus 3
verführerischer Reiz	lenocinium corporum
rot werden	erubescere, -o
rothaarig	rufus 3
Sadismus	sadismus, -i m.
Sadomasochismus	sadomasochismus
Sadomasochist	sadomasoc(h)ista
Samenraub	rapinum seminum
Säufer	potator
saugen	fellare, irrumare

säugen	lactare
das Saugen	fellatio
saugend	fellebris
saugend (an der weibl. Brust)	lactens, -entis
Scham	obscenum, -i n.
schamlos	impudicus 3
Scheide	cunnus; vagina
Scheiß-	cacatus 3
Scheiße	caenum; merda
scheißen	cacare
Scheißer	cacator
Schenkel	femur, -oris (-inis) n.
scheußlich	foedus 3
schlagen	flagellare
Schmutz	fimum
Schnaps	aqua vitae
schön	formosus 3, pulcher 3
Schönheit	formositas; pulchritudo
Schürzenjäger	scortator
schwanger	praegnans, -antis
schwängern	gravidare
Schwanz	mentula, -ae f.; penis, -is
> kleiner Schwanz	peniculus, -i m.; penicillus
> großer Schwanz	penis magnus/ingens; monobelus, -i m.
> steifer Schwanz	penis destrictus; rigida (mentula); (nervus) iacet
> Er kriegt keinen hoch	languet
> Ich habe einen Steifen	tumeo
> einen Steifen bekommen	mentula surgit
> mit einem Schwanz länger als die meisten Tiere	pene prominente ultra modum animalium

Schwuler	cinaedus; homosexualis; spintria; exoletus
Sex von hinten	coitus/fututio a tergo
Sexappeal	attractio sexualis
Sexskandale	adulterium; moechatio; moechia
sexuell	sexualis
sexy	formosus 3; delicatus 3
sich besaufen	potare
sich bräunen **> sonnengebräunt / braun gebrannt sein**	apricari > adusti coloris esse; coloratum/-am esse
sich übergeben	vom(it)are
Sklave	servus
Sklavin	serva
Slip	subligare
Stellung	positio, -onis f.
stillen	lactare
stöhnen	anhelare
Stricher	spintria
Strichjunge	spintria
Stripper	cinaedus
Tanga	feminalia
tief eindringen	penitus penetrare
Titten	s. Busen
Trinker	potator
(be-)trunken	vinolentus 3
Trunkenbold	potator
Trunkenheit	vinolentia
Trunksucht	vinolentia
trunksüchtig	vinosus 3

Tussi	fulcipedia, -ae f.
Unanständigkeit	obscenitas; -atis f.
unersättlich	multivolus 3
unnützte Tochter	filix
unrein	fimosus 3
Unsinn	tricae, -arum f.
Unterhosen	feminalia
unterwürfig	devotus 3
Untreue	adulterium; moechatio; moechia
Unzucht	fornicatio
Unzucht treiben	fornicari
unzüchtig	cinaedicus 3
unzüchtige Handlungen	obscena, -orum n.
Urin	lotium
urinieren	mingere
Vagina	cunnus; vagina
Vaseline	vaselinum, -i n.
Venushügel	mons veneris
Verbrecher	scelestus
verbrecherisch	scelestus 3
Verehrer	amator
verführen	adulterare (m. Akk.)
verfrühter Samenerguss	eiaculatio praecox
Vergewaltiger	moechissator, -oris m.
verhurt	adulter 3
verliebt sein	amare
voll Mist	fimosus 3
vollbusig	mammeatus; mammosus
volllippig	labeosus 3
von hinten	a tergo/posteriori

Voyeur	spectator
Voyeurismus	scopophilia, -ae f.
Voyeuse	spectatrix, -icis f.
Wechseljahre	climacterium, -i n.
Weiberheld	scortator
Wichser	masturbator, -oris m.
Widerwärtigkeiten	tricae, -arum f.
wohlgestaltet	formosus; pulcher
Wollust	libido/lubido, -inis f.
wollüstig	cinaedicus 3; libidinosus 3
zechen	potare
Zitze	uber; mamilla; papilla
Zuchthengst	admissarius, -i m.
Zuhälter	leno, dominus lupanaris
Zuhälterei	lenocinium, -i n.

ABKÜRZUNGEN

Adj. - Adjektiv
Akk. - Akkusativ
cf.- confer (vergleiche)
Dekl. - Deklination
eigtl. - eigentlich
f. - femininum
jmdn. - jemanden
m. - maskulinum *oder* mit
n. - neutrum
weibl.- weiblich(e/n)
z.B. - zum Beispiel
3 - Adj. der a-/o-Dekl.

AUSSPRCHEREGELN (KURZGEFASST)

c - k
v - w (englisch ausgesprochen, wie in *white*)
ae - a:i (getrennt: Caesar - Ka:isar)
oe - o:i (getrennt)
eu - e:u (getrennt: Europa - E:uropa)
i (vor Vokabeln) - j (fast immer: iam - jam)
s - ß (scharf: stare - ß:tare)
gn - ngn (magnus - ma*ngn*us)
Doppelkonsonanten - lang sprechen